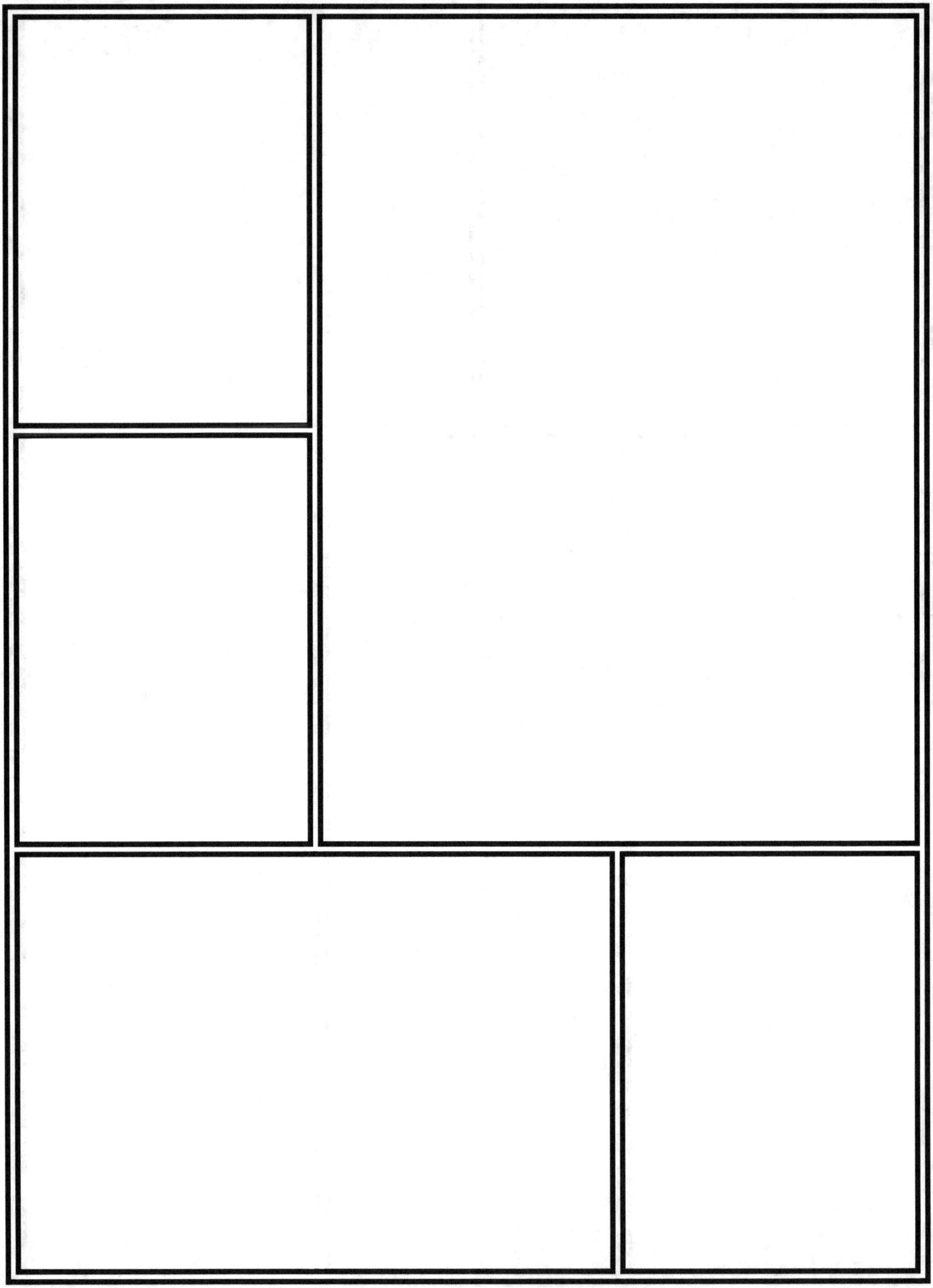

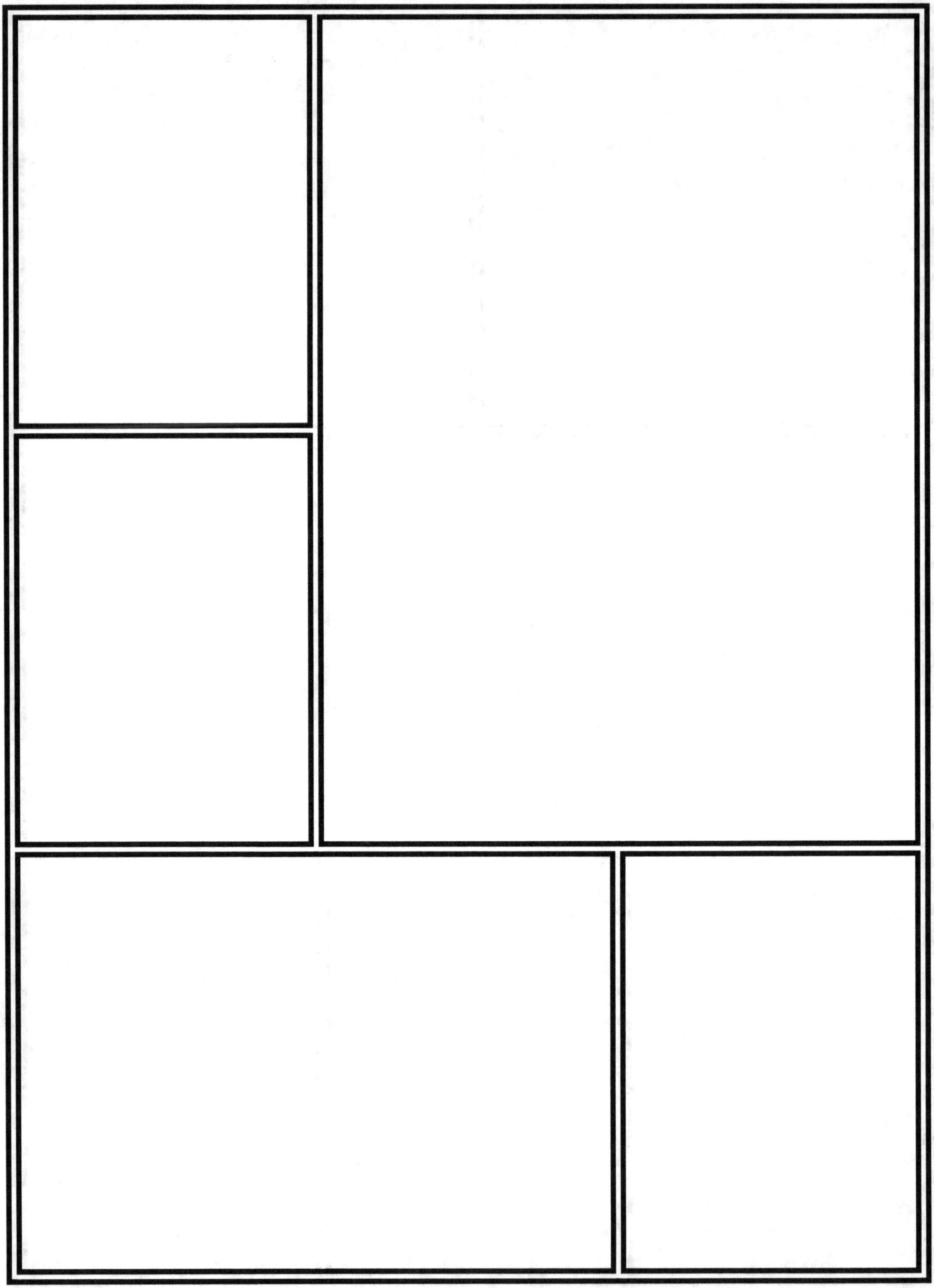

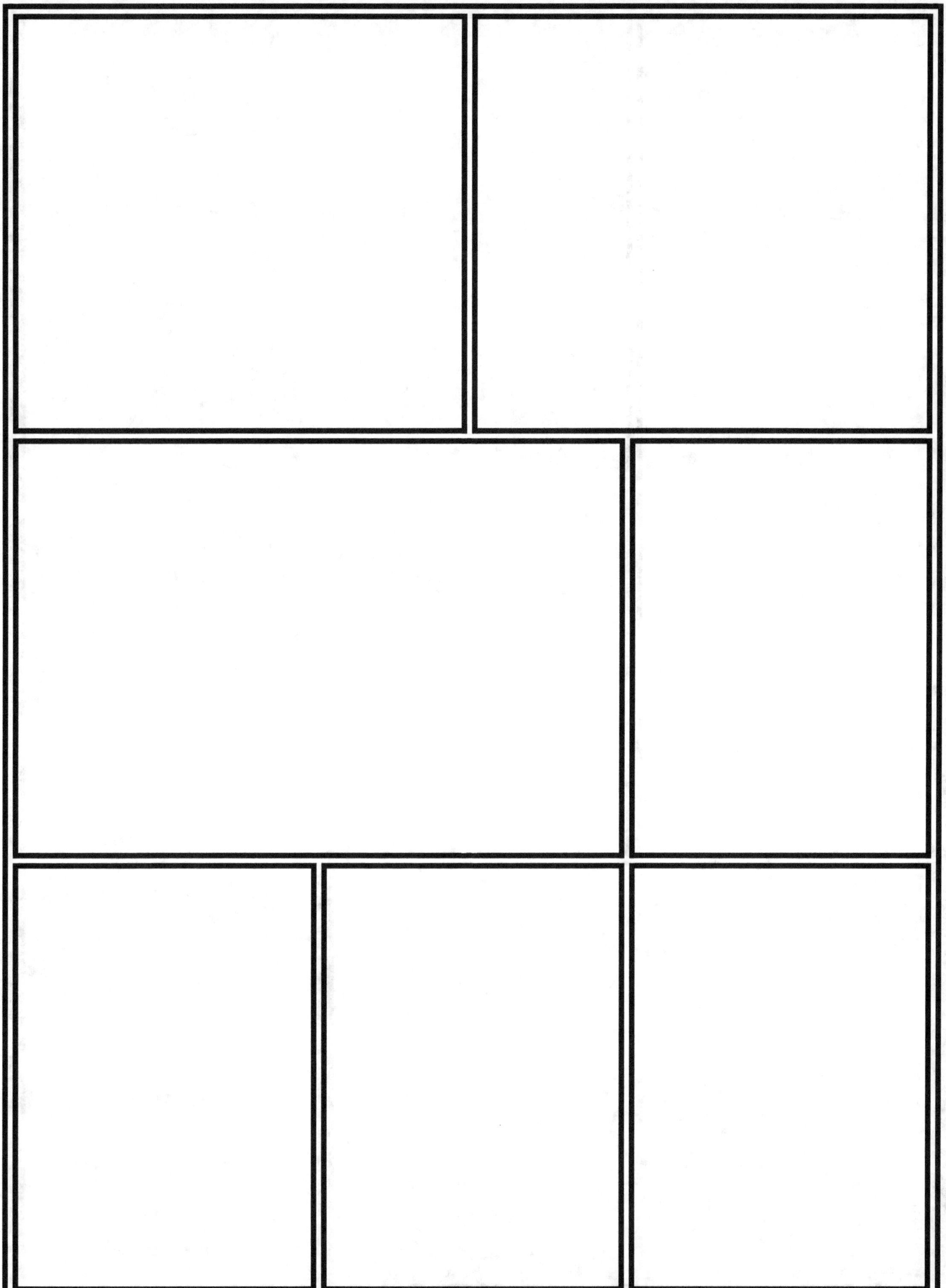

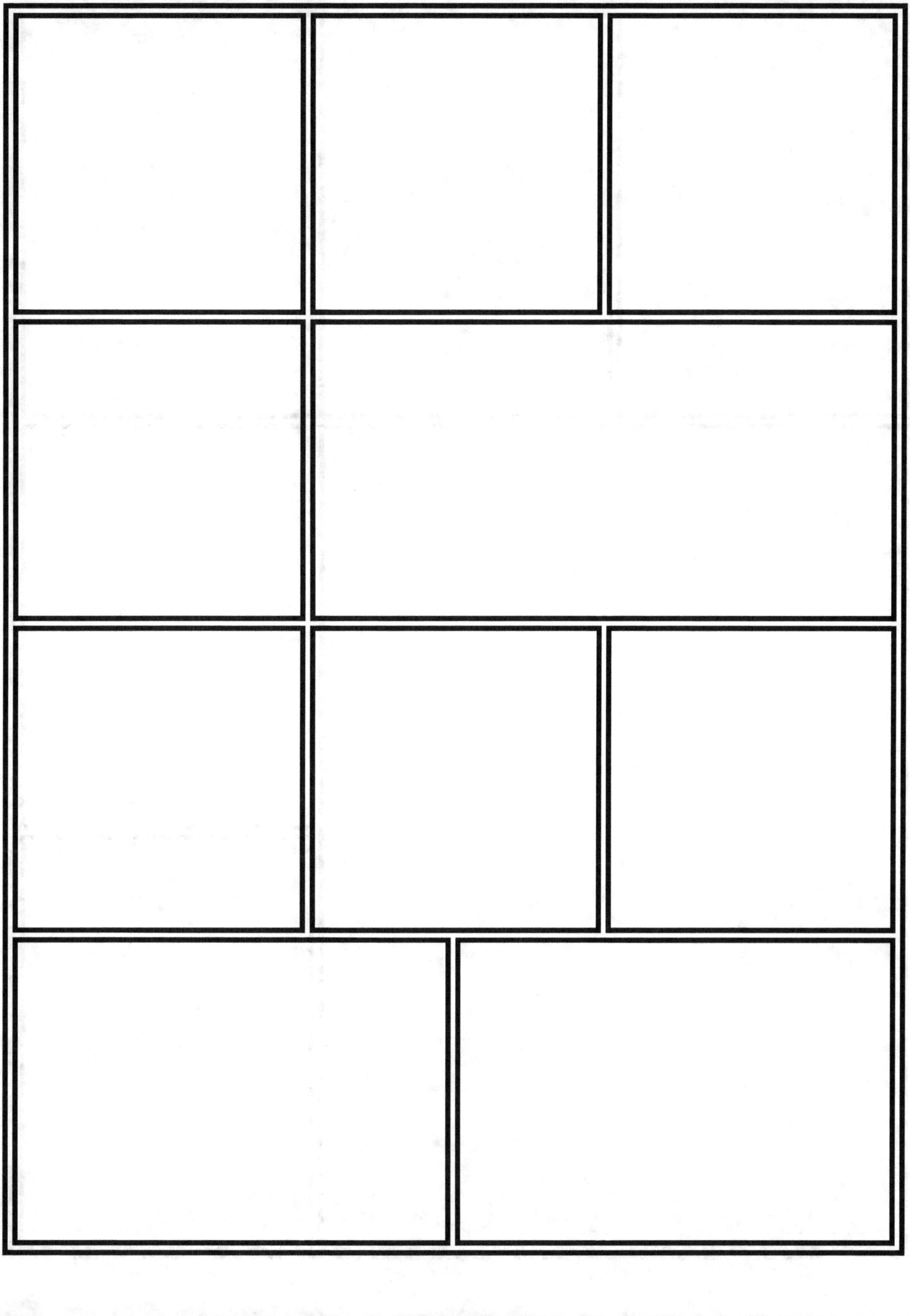

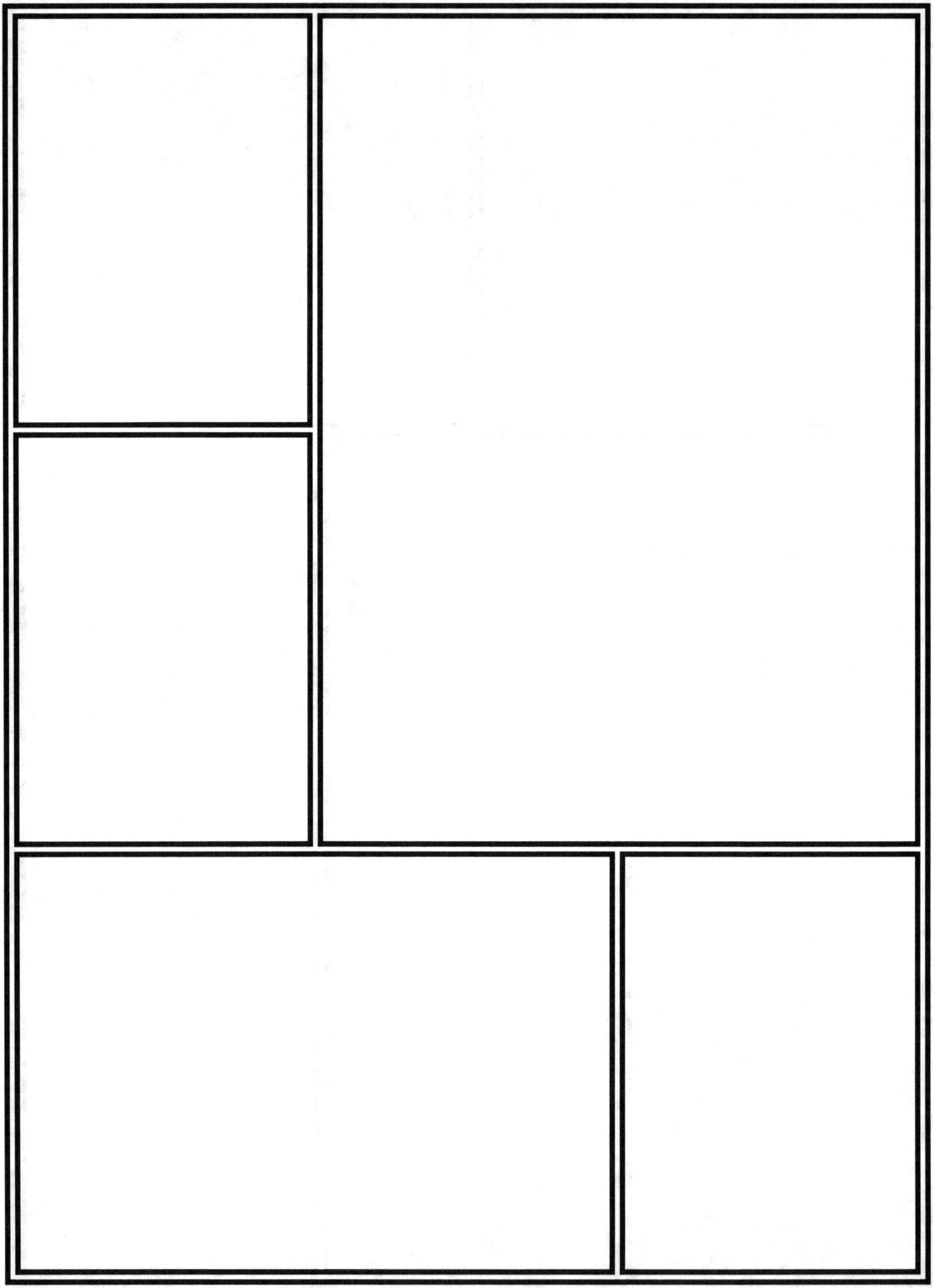

www.ingramcontent.com/pod-product-compliance
Lightning Source LLC
Chambersburg PA
CBHW081152180526
45170CB00006B/2049
9781542318457